Books in Spanish

MAY 19 1993

Los animales

Las ranas

Donna Bailey

STECK-VAUGHN
LIBRARY
A Division of Steck-Vaughn Company

Casi todas las ranas viven en sitios
sombreados, con hierba y cerca del agua.
Las ranas pasan mucho tiempo en el agua.
La necesitan para mantener
húmeda su piel resbalosa y suave.

Las ranas tienen el tronco corto
y la cabeza grande.
Tienen los ojos en la parte de arriba de la cabeza.
Así pueden ver lo que pasa a su alrededor
incluso cuando el resto del cuerpo está
bajo el agua.

Las ranas tienen las patas delanteras cortas con dedos largos.
Las patas traseras son largas.
Sus pies palmeados les sirven para nadar bien.

Las ranas no corren, sino que saltan.
Sus fuertes patas traseras les sirven
para saltar muy lejos y
poder huir de sus enemigos.

Esta garza ha visto una rana
y espera cazarla
con su pico afilado.
La rana ve a la garza y se mete
de un salto en el estanque.

En invierno las ranas nadan hasta el fondo del estanque. Duermen todo el invierno escondidas en el lodo.

En primavera las ranas se despiertan.

Tienen hambre.

Nadan hasta la superficie del estanque y suben a la orilla.

Buscan insectos para comer.

Esta rana está subida en un tronco,
esperando para cazar un insecto.
Encuentra un gusano en el tronco.
La rana saca su larga lengua pegajosa
y coge el gusano.

En primavera las ranas están listas para aparearse.
Los machos se sientan al borde del estanque y croan para llamar a las hembras.

Al oír el sonido que hacen los machos,
las hembras vienen a aparearse.
La hembra pone los huevos en
aguas poco profundas, junto al borde
del estanque.

Cada hembra pone unos mil huevos.
Los huevos flotan en una masa de gelatina
que se llama freza.
¿Ves la freza en esta foto?

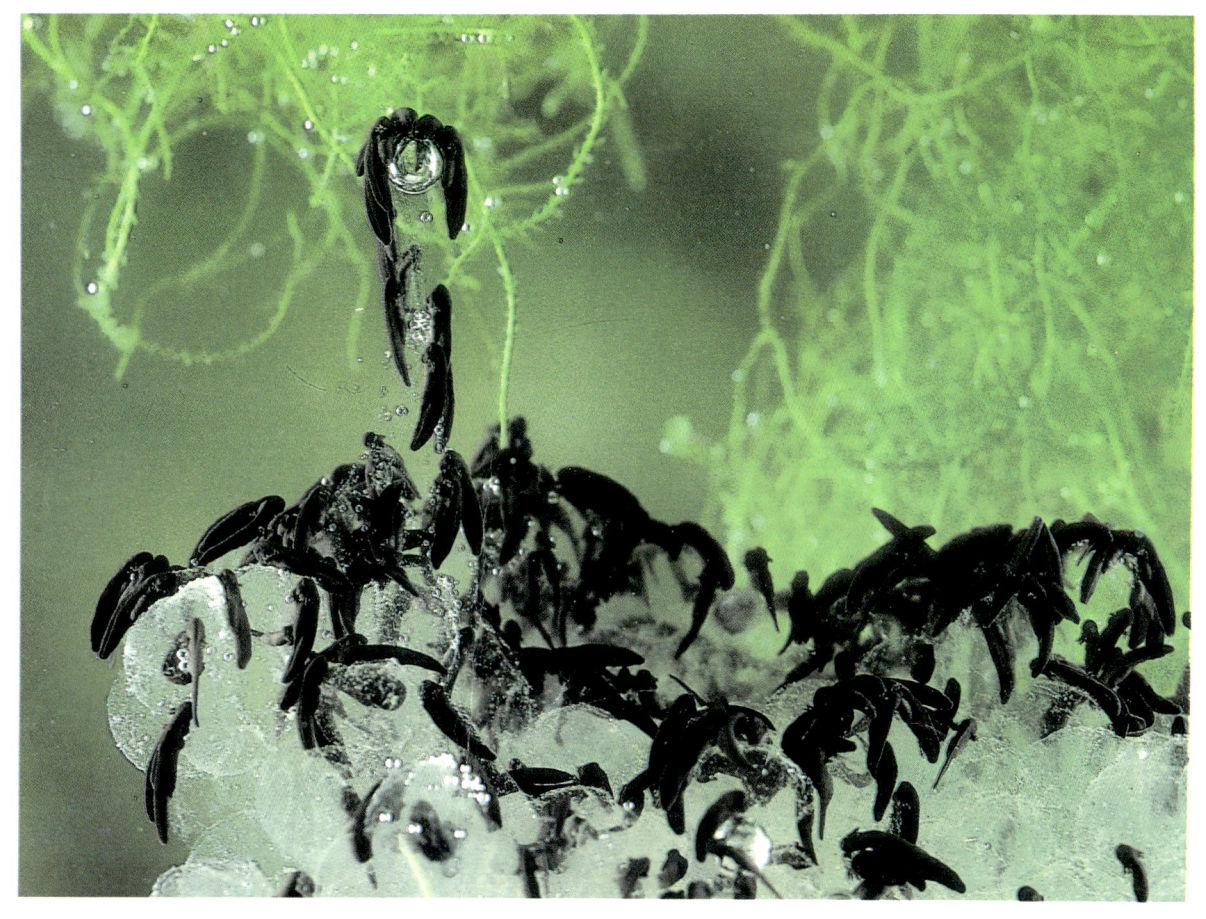

Dos semanas después, los huevos se abren y salen miles de renacuajos.
A muchos se los comen los peces y los pájaros.
Sólo unos cuantos se convertirán en ranas.

Los renacuajos tardan tres meses en crecer.
Viven en el agua y respiran
a través de las branquias.
Su larga cola les sirve para nadar bien.

Al renacuajo le salen primero
las patas traseras
y después las delanteras.
Luego desaparecen las branquias
y le crecen pulmones.
Por último, la cola desaparece.

Las ranas bebés respiran el aire
con sus pulmones.
Ya están listas para salir del agua.
Deben tener cuidado con las serpientes
a quienes les gusta comer ranas.

Las ranas viven en todo el mundo.
No todas viven cerca del agua.
Algunas viven en los calurosos desiertos y otras pueden subir a los árboles.
La mayoría croa muy fuerte.
Algunas ranas y sapos son muy ruidosos.

¿Has oído croar alguna vez a las ranas
o a los sapos por la noche?
A lo mejor son ranas toro o
sapos machos que llaman a las hembras.

Las ranas tienen una bolsa de piel
debajo de la barbilla.
Llenan la bolsa de aire
para croar más fuerte.

El macho de la rana toro croa para que los demás machos se alejen
de su territorio.
Luchará con todas las ranas toro que entren en su territorio.

Esta rana odre australiana
vive en el desierto.
Guarda agua dentro del cuerpo.
Los aborígenes estrujan a la rana
para beberse el agua.

Esta es una rana tintorera.

Los indígenas sudamericanos usan estas ranas para envenenar sus flechas.

Los colores brillantes de su piel avisan a los pájaros de que no se puede comer.

Las ranas de los árboles son pequeñas y finas. Tienen unas almohadillas pegajosas en los dedos que les sirven para agarrarse a los árboles.

La rana de los árboles puede cambiar
el color de la piel para esconderse
de sus enemigos.
Si está sobre una hoja se pone verde,
y cuando se coloca sobre una corteza
se vuelve color café.

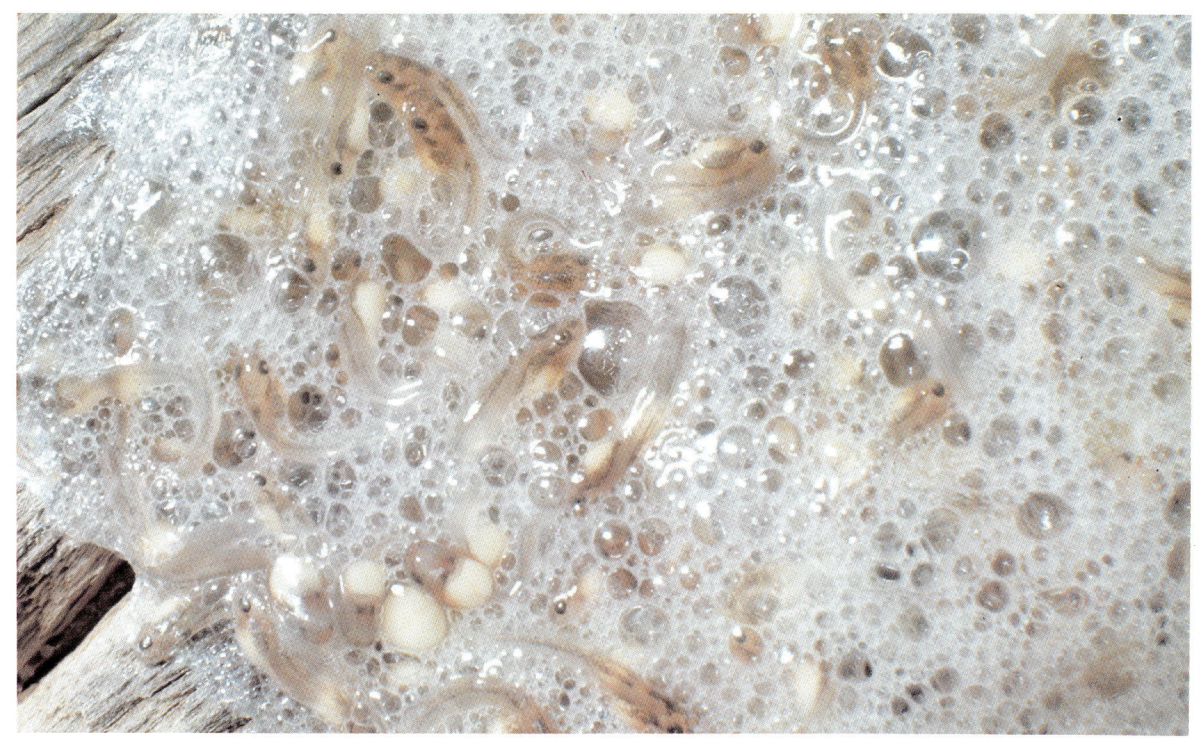

La rana de los árboles hembra hace un nido de espuma para sus huevos.

Bate la gelatina de alrededor de los huevos hasta hacer espuma.

Los renacuajos crecen en medio de la espuma.

La rana de Darwin macho se traga
los huevos que pone la hembra.
Los renacuajos crecen dentro de su cuerpo.
A los dos meses, el padre abre la boca y
salen a brincos las ranitas negras.

Los sapos se parecen a las ranas, pero casi siempre son más gordos.
Como los sapos tienen las patas traseras cortas, andan en vez de saltar como las ranas.

La piel de los sapos es seca y está llena de bultitos.
Los sapos pasan casi todo el tiempo en tierra.
Comen insectos, babosas y caracoles.

Los sapos viven en agujeros de la tierra.
Durante el día se quedan ahí para estar frescos y salen a cazar su comida por la noche.

Este sapo cavador vive en un agujero
en el caluroso desierto.
Cava su agujero con las patas traseras,
que tienen un borde duro en la piel
en forma de pala.

El sapo cavador se queda en su agujero, protegido del sol, hasta que llega la lluvia. Puede estar enterrado sin comer más de un año.

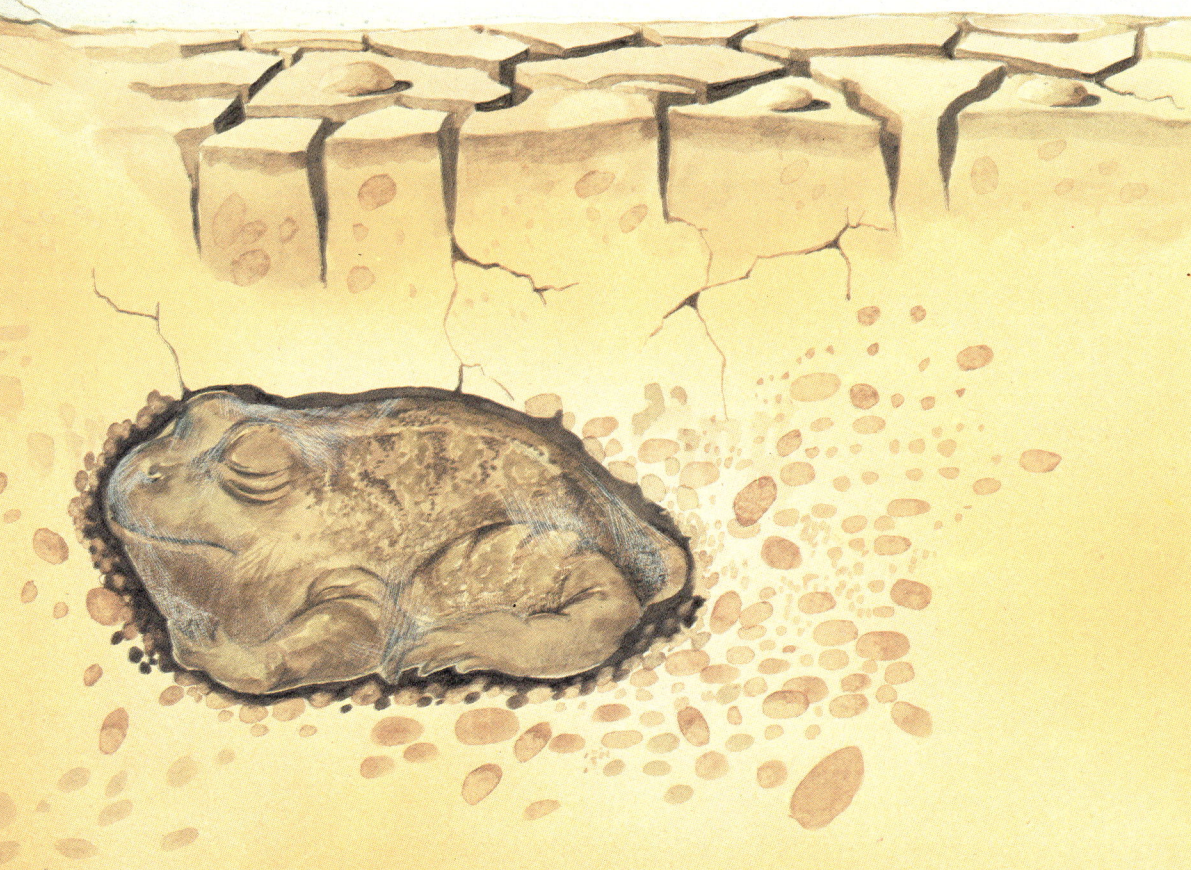

Cuando llueve, el sapo sale
del agujero.

Busca un charco y pone los huevos.

Los renacuajos deben convertirse en sapos
muy deprisa, antes de que se seque
el agua del charco.

Índice

agua 2, 3, 16, 17, 21, 31, 32
agujero 29, 30
apareamiento 10, 11
babosas 28
barbilla 19
boca 15
branquias 14, 15
cabeza 3
caracoles 28
cola 14, 15
croar 10, 17, 18, 19, 20
desierto 17, 21, 30
freza 12
gusano 9
huevos 11, 12, 13, 25, 26, 32
indígenas sudamericanos 22
insectos 8, 9, 28
invierno 7
lengua 9
lluvia 31, 32
ojos 3
patas 4, 5, 15
piel 2, 24, 28
pies palmeados 4
primavera 8, 10
pulmones 15, 16
rana de Darwin 26
rana hembra 10, 11
rana macho 10, 11
rana odre de Australia 21
ranas de los árboles 23, 24, 25
rana tintorera 22
rana toro 18, 20
renacuajos 13, 14, 15, 25, 32
sapo cavador 30, 31
sapos 17, 18, 27, 28, 29, 30, 31, 32
veneno 22

Executive Editor: Elizabeth Strauss
Project Editor: Becky Ward

Illustrated by Paula Chasty
Picture research by Suzanne Williams
Designed by Richard Garratt Design

Photographs
Cover: Bruce Coleman/Hans Reinhard
Bruce Coleman: title page (Roger Wilmshurst), 3 (Gordon Langsbury), 4, 10, 11, 25, 28 (Jane Burton), 9 (Kim Taylor), 12 (Eric Crichton), 20 (Leonard Lee Rue), 24 (Waina Cheng), 26 (M. P. L. Fogden), 27 (A. J. Mobbs), 29 (John Markham)
Frank Lane Picture Agency: 2 (Martin B. Withers), 8 (Chris Newton), 18
NHPA: 13, 16, 23 (Stephen Dalton), 19 (Anthony Bannister), 21 (S. Wilson), 22 (James Carmichael)
OSF Picture Library: 5 (Stephen Dalton), 32 (David Cayless)
ZEFA: 17

Library of Congress Cataloging-in-Publication Data: Bailey, Donna. [Frogs. Spanish] Las ranas / Christine Butterworth and Donna Bailey. p.   cm.—(Los animales) Translation of: Frogs. Includes index. SUMMARY: Discusses the characteristics of several frogs and of toads in general. ISBN 0-8114-2661-0 1. Frogs—Juvenile literature. 2. Toads—Juvenile literature. [1. Frogs. 2. Toads. 3. Spanish language materials.] I. Bailey, Donna. II. Series. QL668.E2B8718   1992   597.8—dc20   91-20221   CIP   AC

ISBN 0-8114-2661-0
Copyright 1992 Steck-Vaughn Company
Original copyright Heinemann Children's Reference 1991
All rights reserved. No part of the material protected by this copyright may be reproduced or utilized in any form or by any means, electronic or mechanical, including photocopying, recording, or by any information storage and retrieval system, without permission in writing from the copyright owner. Requests for permission to make copies of any part of the work should be mailed to: Copyright Permissions, Steck-Vaughn Company, P.O. Box 26015, Austin, Texas 78755. Printed in the United States of America.

1 2 3 4 5 6 7 8 9 0 LB 97 96 95 94 93 92